트해지는 무크지

두뇌홈트

vol. 1

스마트해지는 무크지

두뇌홈트 vol. 1

발행일 2021년 4월 30일

지은이 | 짱아찌, 양승순
그린이 | 아자
펴낸이 | 장재열
펴낸곳 | 엘베스트
출판등록 | 제2017-000071호 (2012년 9월 14일)
주소 | 서울시 은평구 서오릉로 20길 10-6
팩스 | 070-4850-8021
이메일 | jjy5342@naver.com
블로그 | http://blog.naver.com/only1book
ISBN | 979-11-967677-1-6 03030

값 | 8,000원

CONTENTS

날말 찾기

아래의 표에는 현재 시판되고 있는 과자 이름 5개가 들어가 있습니다.
가로, 세로, 대각선으로 낱말을 읽어보면 과자 이름 5개를 찾을 수 있습니다.
과자 이름을 찾아서 표시를 하고 아래에 적어보세요.

포	콘	칩	리	구	로	마	카	오
카	카	오	용	스	미	리	바	감
리	하	홈	수	노	오	오	나	촉
스	나	그	런	우	와	간	나	잠
웨	포	라	한	볼	줄	니	킥	자
트	카	운	남	성	리	하	이	리
스	칩	드	동	서	롯	데	샌	드
위	진	남	북	조	시	미	안	해
스	일	이	삼	사	오	대	구	정

날짜 ____________

소요시간 ____________

정답 : ____________

낱말 찾기

아래의 표에는 현재 시판되고 있는 음료수 이름 5개가 들어가 있습니다.
가로, 세로, 대각선으로 낱말을 읽어보면 음료수 이름 5개를 찾을 수 있습니다.
음료수 이름을 찾아서 표시를 하고 아래에 적어보세요.

망	이	구	미	구	룡	마	카	오
밀	인	디	아	리	목	포	코	감
키	콘	아	야	오	용	인	카	촉
스	칸	토	상	안	인	수	콜	잠
탕	웨	신	레	탄	도	원	라	자
트	가	라	면	타	미	성	리	리
스	나	리	란	인	다	라	마	드
윙	오	란	씨	칸	단	안	사	맥
순	일	이	삼	사	오	대	구	콜

날짜

소요시간

정답 :

첫 번째 게임

낱말 찾기

문제 3

아래의 표에는 나라 이름 5개가 들어가 있습니다.
가로, 세로, 대각선으로 낱말을 읽어보면 나라 이름 5개를 찾을 수 있습니다.
찾아서 표에 표시를 하고 아래에 적어보세요.

미	나	무	크	묵	인	단	당	손
국	라	데	이	덴	당	프	랑	스
키	이	상	략	마	전	인	사	륙
나	름	하	이	인	삼	브	자	입
리	명	령	조	결	혼	라	학	철
송	인	메	멘	카	칸	질	서	문
승	나	멕	란	인	케	릭	터	나
위	시	처	로	보	음	서	류	만
코	일	봉	얀	트	스	리	랑	카

날짜

소요시간

정답 :

낱말 찾기

아래의 표에는 흥행했던 영화 제목 5개가 들어가 있습니다.
가로, 세로, 대각선으로 낱말을 읽어보면 영화 제목 5개를 찾을 수 있습니다.
찾아서 표에 표시를 하고 아래에 적어보세요.

실	미	도	게	램	령	단	당	도
대	라	데	전	용	메	뜬	랑	둑
각	이	마	승	나	멕	저	사	들
선	름	하	극	크	삼	봉	자	한
안	단	인	조	한	혼	랑	학	철
이	덴	당	엑	카	직	진	서	몰
략	말	랑	스	인	케	업	터	나
베	테	랑	칼	문	핀	아	마	피
매	일	신	문	트	부	산	행	캉

날짜 ____________

소요시간 ____________

정답 : ____________

낱말 찾기

아래의 표에는 철학자 5명의 이름이 들어가 있습니다.
가로, 세로, 대각선으로 낱말을 읽어보면 철학자 5명의 이름을 찾을 수 있습니다.
찾아서 표에 표시를 하고 아래에 적어보세요.

데	덴	당	이	카	직	랑	맹	자
카	케	업	터	나	자	픈	랑	돈
르	핀	진	마	비	멕	저	사	들
트	메	픈	한	둑	삼	봉	자	한
철	단	저	안	한	혼	마	학	철
몰	덴	봉	이	카	직	르	서	몰
나	말	톤	랴	인	케	크	터	나
피	라	진	베	문	핀	스	마	피
플	라	업	대	용	메	픈	랑	둑

날짜 ____________

소요시간 ____________

정답 : ____________

낱말 찾기

아래의 표에는 꽃 이름 5개가 들어가 있습니다.
가로, 세로, 대각선으로 낱말을 읽어보면 꽃 이름 5개를 찾을 수 있습니다.
찾아서 표에 표시를 하고 아래에 적어보세요.

튤	립	랑	돈	카	만	원	돈	칸
랑	야	업	학	나	비	업	터	탄
사	람	개	나	리	직	진	마	한
자	메	헐	사	랑	진	했	걸	둑
진	단	저	안	상	삼	저	랑	한
달	라	진	베	연	핀	스	마	해
래	말	톤	략	백	합	윙	략	바
마	케	할	터	오	비	업	요	라
행	몰	란	마	리	멕	진	마	기

날짜 ____________________

소요시간 ____________________

정답 : ____________________

북극곰도 좋아하는 코카콜라에 대한 모든 것

코카콜라의 탄생

전 세계에서 음료수 브랜드 가치 No.1을 꾸준히 자랑하는 코카콜라. 코카콜라는 어떻게 세계인이 가장 사랑하는 음료가 되었을까?

1886년 미국 조지아주 애틀랜타의 약사였던 존 펨버턴은 코카잎과 콜라 열매, 카페인 등을 주원료로 하는 새로운 청량음료를 만들어 팔았다. 당시에는 음료를 코카잎 추출물과 콜라나무 껍질 원액, 탄산수만으로 만들었고 원래는 자양강장제였다고 한다. 펨버턴은 이 음료를 약국에서 판매했지만 판매량이 별로 좋지는 않았다. 그는 2년 후에 이 음료의 제조, 판매에 대한 모든 권리를 단돈 122만 2천 원에 팔았다. 이 음료의 권리를 산 사람은 약제 도매상인 에이서 캔들러였다. 에이서 캔들러는 1919년에 회사를 설립하고 음료를 판매하기 시작했다.

새로운 디자인을 입은 코카콜라

현재 유통되는 콜라 병을 디자인한 사람은 유리병 공장 직원 루드였다. (일설에 의하면 그가 원피스를 입은 여자 친구의 몸매를 보고 이에 착안해 콜라병을 디자인했다고 하지만 그것은 사실이 아니다.) 코카콜라는 제2차 세계대전 당시 미국 국방성의 후원으로 엄청난 매출을 올렸다. 코카콜라는 미국에서 최대 점유율을 자랑했고, 전 세계에 '미국'의 상징으로 유명해졌다.

쥐도 새도 모르는 콜라 제조법

누구나 좋아하는 코카콜라를 만드는 비법은 무엇일까? 핵심 원료인 코카인 때문이라는 주장이 있는데 그것은 초창기에는 어느 정도 사실이었던 것으로 밝혀졌다. 그러나 1902년에 코카잎 사용이 금지되자 콜라 회사에서는 코카잎을 알코올에 담근 후, 그 알코올을 극소량 코카콜라 원액에 첨가하는 편법을 썼다.

오늘날 코카콜라는 설탕과 물이 원료의 99.5%를 차지하는 것으로 알려졌다. 나머지 0.5%의 원료 중 인산, 색소, 카페인 등을 제외한 내용물이 무엇인지는 아직도 비밀에 싸여 있다. 코카콜라의 제조법은 아직까지 철저히 비밀에 부쳐졌고, 본사에서 원액을 만들어 국내 및 해외의 특정 회사에 원액을 공급하여 생산하고 있다. 각 회사에서는 본사에서 공급받은 원액에 물과 탄산, 설탕 등을 배합해 판매한다. 세계 곳곳의 현지 회사는 자본 조달은 물론 직원을 현지에서 채용하는 것이 특징이다.

오늘날 콜라의 위상

코카콜라는 북한을 제외한 전 세계 200여 개 국에서 몇 십 년 동안 가장 많이 소비되는 음료 1위를 차지하고 있다. 사실 코카콜라는 2012년까지만 해도 인터브랜드 선정 글로벌 브랜드 가치 순위에서 매번 1위를 차지할 만큼 강력한 브랜드였다. 그러나 2013년부터 애플, 구글, 마이크로소프트 등 IT·통신 기업의 브랜드 가치가 급상승하자, 2020년 기준 6위에 올랐다.

게임 설명

주사위의 앞면을 보고 뒷면을 유추하여
사칙연산을 하는 것이 이번 게임의 방법입니다.
주사위는 아래와 같이 보고 유추할 수 있습니다.

앞면이 1일 경우 뒷면은 6,
앞면이 2일 경우 뒷면은 5,
앞면이 3일 경우 뒷면은 4,
앞면이 4일 경우 뒷면은 3,
앞면이 5일 경우 뒷면은 2,
앞면이 6일 경우 뒷면은 1이
나오게 되어 있습니다.

주사위의 앞면과 뒷면 홈의 갯수를 합하면 숫자 7이 되는
특성을 기억하면 문제를 보다 더 쉽게 풀 수 있습니다.

문제 예시

주사위 앞면을 보고 뒷면의 숫자를 유추해
계산하여 정답을 구해보세요.

앞면	앞면		앞면	앞면		
1	6	+	5	3	=	?
↓	↓		↓	↓		
뒷면	뒷면		뒷면	뒷면		
6	1	+	2	4	=	85

주사위 사칙연산

주사위 앞면을 보고 뒷면의 숫자를 유추해
계산하여 정답을 구해보세요.

1.	★★	★	+	★★★★★	★★★	=			
2.	★★★★★★	★★★★	+	★	★★	=			
3.	★★★	★★★★	+	★★★★★	★	=			
4.	★★★★★	★★★★★★	+	★★★	★	=			
5.	★★★★	★★★★★	+	★	★★	=			
6.	★	★★★	−	★★★★	★★★★★	=			
7.	★★	★	−	★★★★★★	★	=			
8.	★★★	★★	−	★★★★★	★★★★	=			
9.	★★	★★★★★★	−	★★★★	★★★	=			
10.	★★★★	★★	−	★★★★★★	★★★★★	=			

날짜 ____________________

소요시간 ____________________

앞 페이지의 주사위 대신
숫자를 써넣어 계산해보세요.

1.			+			=			
2.			+			=			
3.			+			=			
4.			+			=			
5.			+			=			
6.			−			=			
7.			−			=			
8.			−			=			
9.			−			=			
10.			−			=			

날짜 ____________________

소요시간 ____________________

주사위 사칙연산

주사위 앞면을 보고 뒷면의 숫자를 유추해
계산하여 정답을 구해보세요.

1.	⚁	⚀	×	⚄	=				
2.	⚅	×	⚁	⚀	=				
3.	⚂	⚃	×	⚄	⚀	=			
4.	⚄	⚅	×	⚂	=				
5.	⚃	×	⚁	⚀	=				
6.	⚀	+	⚄	+	⚃	=			
7.	⚁	−	⚅	+	⚀	=			
8.	⚂	+	⚃	+	⚄	=			
9.	⚁	+	⚃	−	⚂	=			
10.	⚃	⚁	×	⚅	⚄	=			

날짜 ______________

소요시간 ______________

앞 페이지의 주사위 대신
숫자를 써넣어 계산해보세요.

1.			×		=				
2.		×			=				
3.			×			=			
4.			×		=				
5.		×			=				
6.		+		+		=			
7.		−		+		=			
8.		+		+		=			
9.		+		−		=			
10.			×			=			

날짜

소요시간

주사위에 얽힌 재미있는 이야기

주사위의 기원

주사위의 기원에 대해 확실히 알려진 것은 없다. 이집트에는 이미 왕조시대(BC 3400~1150년)에 상아, 동물 뼈로 만든 오늘날과 같은 모양의 주사위가 있었다. 이것이 그리스와 로마, 지중해 등으로 전해진 것으로 보인다. 유럽에서는 17세기 무렵부터 복잡한 다이스 게임을 즐겼고, 이어 미국을 비롯한 세계 각국으로 퍼졌다.

인도에서도 인더스 문명의 것으로 추정되는 주사위가 발견되었는데, 1의 대면이 2, 3의 대면이 4, 5의 대면이 6으로 되어 있다.

주사위는 던져졌다

"주사위는 던져졌다."

유명한 이 말은 로마 공화정 말기의 지도자 율리우스 카이사르가 기원전 49년 루비콘 강을 건너 이탈리아 북부로 진격하면서 한 말이라고 알려져 있다.

카이사르는 루비콘 강을 건너면 당시 로마 국법을 어기는 것이고, 다시 돌이킬 수 없는 내전으로 치닫는 것임을 강조하면서 이 말을 했다. 그 후로 수많은 사람들이 '돌이킬 수 없는 전환점', '다시 돌아올 수 없는 길'을 의미할 때 이 말을 인용하곤 한다. 카이사르는 자신이 좋아하는 그리스 희극작가 메난드로스의 작품에서 이 구절을 인용했다.

동북아시아의 주사위

중국 수·당나라 때는 오늘날의 주사위와 같은 것을 사용한 '쌍륙(雙六)'이라는 놀이가 있었다. 현종이 양귀비와 함께 주사위를 던지며 쌍륙 놀이를 즐겼다는 기록이 전해지기도 한다. 한국에서는 고려시대에 이와 비슷한 놀이가 있었다고 한다. 조선 전기에는 부녀자들이 주사위를 던져 숫자 맞히기 등의 놀이를 즐겼다고 한다.

미로찾기

다음의 미로 그림에는 '출발'에서 '도착'까지 연속으로 이을 수 있는 단 한 개의 선이 있습니다.
연속되는 선을 찾아 미로를 탈출해보세요.

날짜 ____________ 소요시간 ____________

미로찾기

다음의 미로 그림에는 '출발'에서 '도착'까지 연속으로 이을 수 있는 단 한 개의 선이 있습니다.
연속되는 선을 찾아 미로를 탈출해보세요.

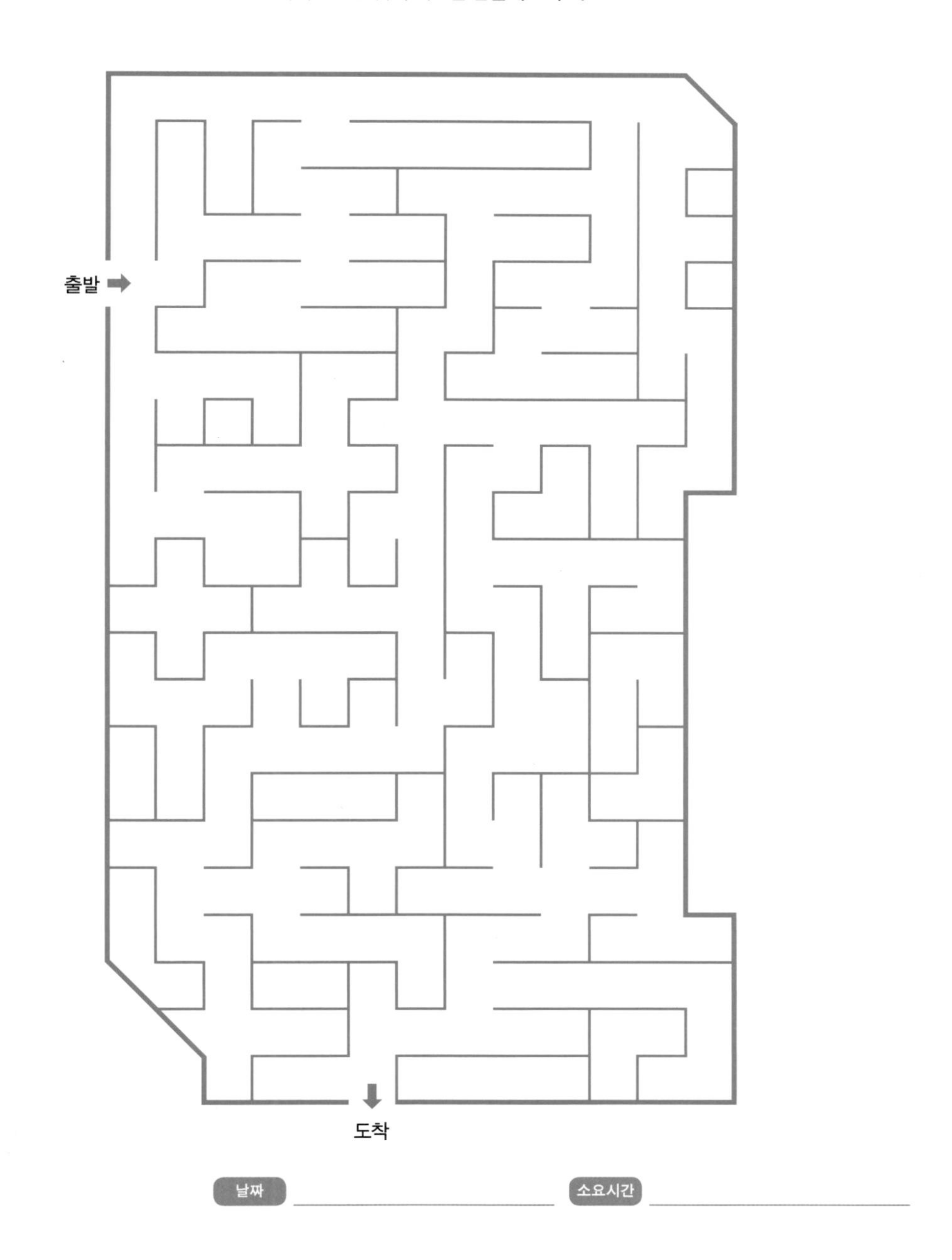

날짜

소요시간

미로찾기

다음의 미로 그림에는 '출발'에서 '도착'까지 연속으로 이을 수 있는 단 한 개의 선이 있습니다.
연속되는 선을 찾아 미로를 탈출해보세요.

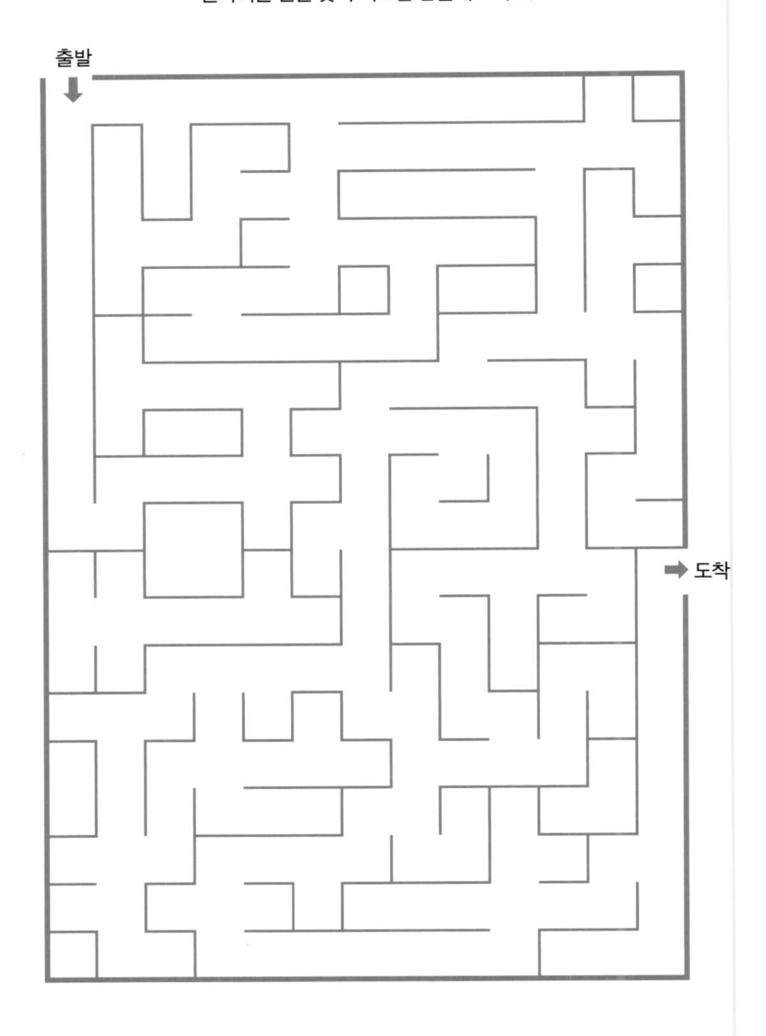

날짜 ____________ 소요시간 ____________

미로찾기

다음의 미로 그림에는 '출발'에서 '도착'까지 연속으로 이을 수 있는 단 한 개의 선이 있습니다.
연속되는 선을 찾아 미로를 탈출해보세요.

날짜 ______________ 소요시간 ______________

미로찾기

다음의 미로 그림에는 '출발'에서 '도착'까지 연속으로 이을 수 있는 단 한 개의 선이 있습니다.
연속되는 선을 찾아 미로를 탈출해보세요.

날짜 ______________ 소요시간 ______________

미로찾기

다음의 미로 그림에는 '출발'에서 '도착'까지 연속으로 이을 수 있는 단 한 개의 선이 있습니다.
연속되는 선을 찾아 미로를 탈출해보세요.

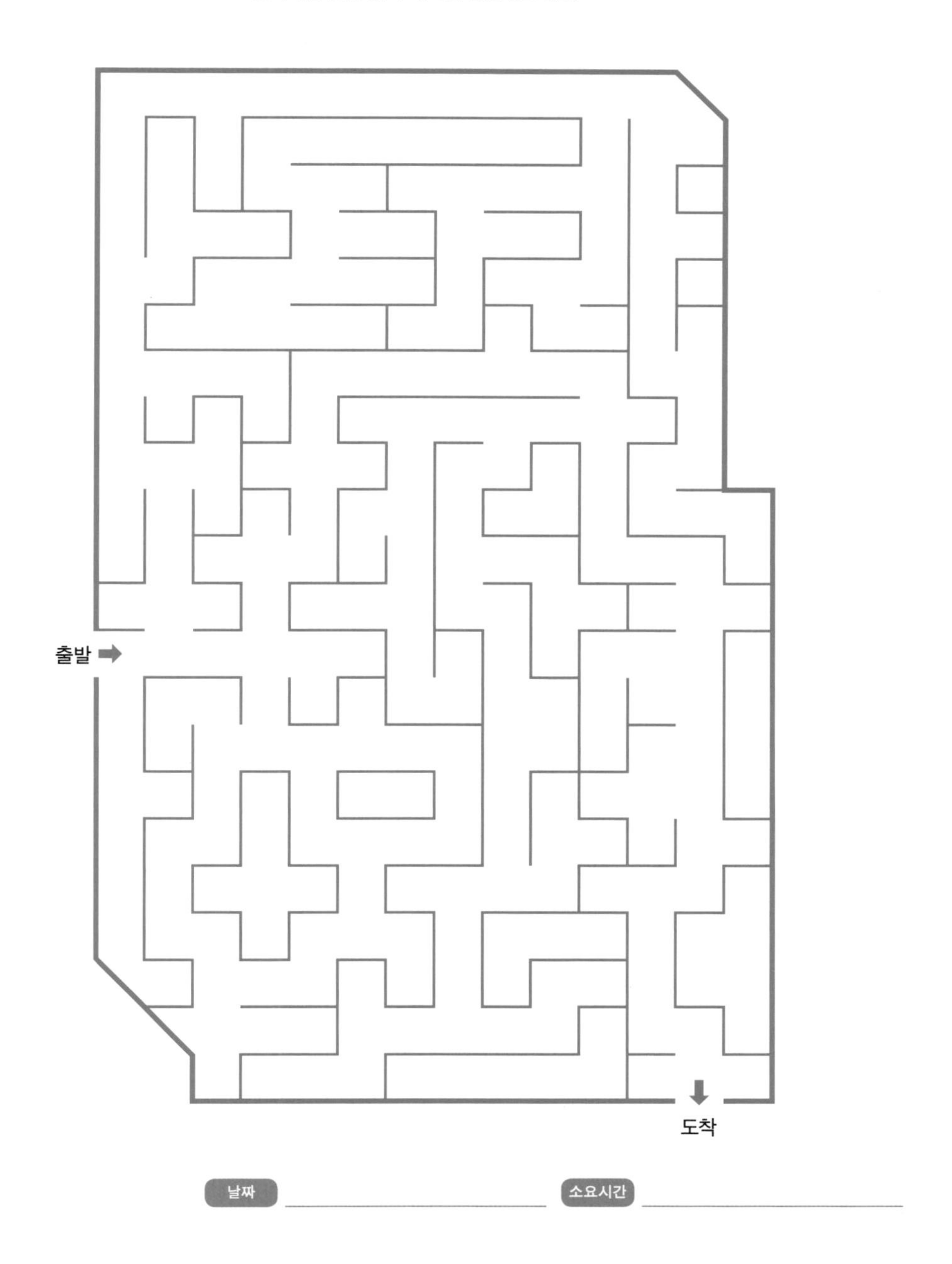

날짜

소요시간

미로에 얽힌 신화 이야기

미로를 찾아낸 테세우스

그리스 신화에서 아테네의 왕자 테세우스는 수많은 모험으로 유명하다. 그중 하나가 풀기 어려운 미로를 찾아낸 것이다.

홀어머니 밑에서 자라던 테세우스는 장성해 아버지를 찾아 떠났다. 그는 수많은 노상강도들을 물리치면서 아테네에 도착했고 아버지 아이게우스 왕을 만나 왕자가 되었다. 그 무렵 아테네에서는 크레타에 인신공양으로 보낼 처녀총각을 7명씩 뽑고 있었다.

당시 크레타의 왕은 미노스였다. 미노스는 제우스가 황소로 변신해 소아시아의 공주 에우로페를 납치해 낳은 자식 중 하나였다. 미노스는 포세이돈에게 황소 한 마리를 보내주면 왕이 된 후에 다시 제물로 바치겠다고 약속했다. 미노스는 다른 형제들에게 자신은 포세이돈의 후원을 받고 있으며, 기도를 하면 무엇이든 들어준다고 자랑했다. 이어 미노스가 바다를 향해 기도하자 바다에서 황소 한 마리가 나타났다. 형제들은 그것을 보고 미노스에게 왕위를 양보했다.

미노스는 왕이 되자 탐스러운 포세이돈의 황소를 종우로 삼기 위해 우리에 가둬 놓고, 포세이돈에게는 다른 황소를 바쳤다. 이에 화가 난 포세이돈은 미노스의 아내 파시파에가 황소를 사랑하게 만들었다. 얼마 후 파시파에는 황소의 아들 미노타우로스를 낳았다. 미노타우로스는 머리는 황소이고 나머지는 사람인 괴물이었다. 미노스는 백성들이 그 괴물을 볼까 봐 노심초사했다. 그리하여 그리스 최고의 건축가 다이달로스로 하여금 한번 들어가면 결코 빠져나올 수 없는 미로 감옥을 만들게 하여 미노타우로스를 가두었다. 그리고는 9년에 한 번씩 미노타우로스에게 사람을 먹이로 주었다. 그 제물을 아테네에서 끌고 온 것이다. 당시 아테네는 크레타의 속국이었다. 테세우스는 이런 사정을 듣고는 스스로 인질이 되었다.

테세우스가 크레타에 도착하자 만찬이 열리고 며칠 동안 각종 시합이 펼쳐졌다. 이 자리에서 미노스의 딸 아리아드네는 잘생기고 용감한 테세우스에게 반하고 말았다. 그녀는 테세우스를 찾아가 미로 감옥에서 빠져나오는 방법을 알려줄 테니 자신을 아내로 삼아 달라고 부탁했다. 테세우스가 이를 받아들이자 그녀는 실 꾸러미를 건네주며 말했다. 미로 입구에서 실을 문설주에 묶고 풀면서 들어갔다가 괴물을 해치운 다음, 다시 실을 따라 빠져나오라고.

마침내 테세우스는 괴물을 죽이고 무사히 미로를 빠져나왔다. 그는 아리아드네를 데리고 아테네로 가다가 낙소스 섬에 잠시 머물렀다. 물과 식량이 필요했기 때문이다. 그곳에서 아리아드네는 깊은 잠에 빠져들었다. 그러자 테세우스는 기다렸다는 듯 아리아드네를 남겨두고 낙소스 섬을 떠나고 말았다.

스도쿠

아래의 스도쿠에 빈칸을 채워 넣으세요.
단, 진한 실선 안의 작은 네모 칸 9개(가로 3칸×세로 3칸)에는
1~9까지의 숫자가 중복되지 않고 한 번씩만 들어가야 합니다.

6	7	5	4			2		8
	2		6			7		
9								6
	5	3				9		4
			8		9			
2		9				3	8	
3								5
		6	3		4		7	
5		7			8	6	1	3

날짜 ____________________

소요시간 ____________________

스도쿠

아래의 스도쿠에 빈칸을 채워 넣으세요.
단, 진한 실선 안의 작은 네모 칸 9개(가로 3칸×세로 3칸)에는
1~9까지의 숫자가 중복되지 않고 한 번씩만 들어가야 합니다.

1			7		9			
9					8	6		2
		8	4	2			7	
		5		3		7		
	6						1	
		4		8		5		
	2			9	6	4		
7		6	8					9
			1		5			3

날짜 ______________

소요시간 ______________

스도쿠

아래의 스도쿠에 빈칸을 채워 넣으세요.
단, 진한 실선 안의 작은 네모 칸 9개(가로 3칸×세로 3칸)에는
1~9까지의 숫자가 중복되지 않고 한 번씩만 들어가야 합니다.

4	8	3		6	1	9	5	7
2			7		5			
	5		3		9		1	4
	6		5			4	7	
8			6		2			9
	1	5			3		6	
6	2		1		4		9	
			8		6			3
1	3	4		5	7	6	2	8

날짜 ______

소요시간 ______

스도쿠

아래의 스도쿠에 빈칸을 채워 넣으세요.
단, 진한 실선 안의 작은 네모 칸 9개(가로 3칸×세로 3칸)에는
1~9까지의 숫자가 중복되지 않고 한 번씩만 들어가야 합니다.

8		6	7	3			5	
	7		8				2	6
		5			1			
7	6	2		8	5			1
3								8
9			2			5	7	4
			1			6		
	8				4		1	
	2		5	7		9		3

날짜 ______________

소요시간 ______________

스도쿠

아래의 스도쿠에 빈칸을 채워 넣으세요.
단, 진한 실선 안의 작은 네모 칸 9개(가로 3칸×세로 3칸)에는
1~9까지의 숫자가 중복되지 않고 한 번씩만 들어가야 합니다.

	3				7		9	
8	7	9			6		2	5
	6			4				3
		7			1		4	
9								6
6	2		3			8		
5	1			6			7	
2	4		7			9	6	
	9		8				1	

날짜 ____________

소요시간 ____________

스도쿠

아래의 스도쿠에 빈칸을 채워 넣으세요.
단, 진한 실선 안의 작은 네모 칸 9개(가로 3칸×세로 3칸)에는
1~9까지의 숫자가 중복되지 않고 한 번씩만 들어가야 합니다.

		2	7		9		1	
		7	4		5	9		
		4		6		7		
	8		3			4		1
6					8			7
4		3			1		9	
		6		1		5		
		1	5	7		2		
	3		9		4	1		6

날짜 ______________________

소요시간 ______________________

머리 굴리기의 끝판왕

스 도 쿠

스도쿠란?

스도쿠는 일본에서 개발된 퍼즐 게임이다. '숫자가 겹치지 않아야 한다' 또는 '한 자릿수'라는 뜻을 갖고 있다. 이 게임은 1970년대 미국 퍼즐 잡지에 '넘버 플레이스'라는 게임으로 나온 적이 있다. 그러나 세계적으로 유행한 것은 1984년 일본에서 인기를 얻은 후였다. 일본의 퍼즐 잡지회사 니코리의 카지 마키 회장이 이 게임을 세상에 내놓자 전 세계에 스도쿠 열풍이 불었다. 스도쿠를 맨 처음 만든 사람은 따로 있지만, 이를 상품화해 세계적으로 유행하게 만든 데는 카지 마키의 공이 크기에 그를 '스도쿠의 아버지'라고 부른다.

스도쿠를 푸는 규칙

스도쿠를 풀기 위한 규칙은 단순하지만 머리를 많이 써야 한다. 가로, 세로 9개씩 모두 81개로 이뤄진 네모 칸에 1에서 9까지 숫자를 한 번씩 써서 채워야 한다. 가로와 세로 줄의 수를 줄이거나 늘려 난이도를 조절하기도 한다. 숫자 대신 알파벳이나 도형을 사용하기도 한다.

글자 짝 맞추기

아래의 표에는 총 81칸이 있습니다.
표 안에는 짝, 짱, 짠, 쪽, 쭉, 쫀 총 6글자가 13번씩 반복되어 들어가
78칸을 차지하고 있습니다.
나머지 3칸에 들어간 다른 글자 3가지를 찾아서 표시하고 아래에 적어보세요.

짝	짱	짠	쪽	쭉	쫀	쪽	짠	짝
쪽	쭉	쫀	쭉	쫀	쭉	쫀	짱	쭉
짝	짱	쪽	짝	쫀	쪽	짝	짱	짠
쫑	쫀	짝	쫀	쭉	짝	짱	쪽	짱
쪽	짠	쭉	짠	짤	짠	쫀	쫀	짠
짠	짱	짝	쫀	쫀	쭉	쪽	짠	쭉
짝	짱	짝	짠	쭉	쪽	짝	쭉	짱
쫀	쫄	짱	쪽	쪽	쫀	짠	쭉	짠
짠	쭉	쪽	짱	짝	짱	짝	쪽	짱

날짜 ______________

소요시간 ______________

정답 : ______________

글자 짝 맞추기

아래의 표에는 총 81칸이 있습니다.
표 안에는 깍, 깡, 깐, 꼭, 꾹, 꼰 총 6글자가 13번씩 반복되어 들어가
78칸을 차지하고 있습니다.
나머지 3칸에 들어간 다른 글자 3가지를 찾아서 표시하고 아래에 적어보세요.

깍	깡	깐	꾹	깍	꼰	깡	깍	깐
깡	깔	꼭	깐	깡	꼭	꾹	깡	꼭
깐	꾹	깡	꼰	꼭	깍	꼭	깍	깡
깍	꾹	꼰	깡	꼰	깐	깍	꼭	꼰
깐	꼭	꼰	꼰	꾹	깐	깐	깡	꼰
깡	꼭	깍	꾹	꾹	꼰	깍	꼭	꾹
꾹	깡	깍	꼰	깡	깍	깐	깡	꼰
깐	깐	꾹	꽁	깐	꾹	꼰	꼴	꾹
깍	꼰	꼭	꾹	꼭	깐	꼭	꼭	깍

날짜 ______________________

소요시간 ______________________

정답 : ______________________

글자 짝 맞추기

아래의 표에는 총 81칸이 있습니다.
표 안에는 낙, 낭, 간, 곡, 국, 곤 총 6글자가 13번씩 반복되어 들어가
78칸을 차지하고 있습니다.
나머지 3칸에 들어간 다른 글자 3가지를 찾아서 표시하고 아래에 적어보세요.

낙	낭	간	낭	낙	국	낭	갈	간
낭	날	곡	간	국	곡	곡	낙	국
낭	낙	국	곤	곤	낭	곤	낭	낙
간	곡	곤	간	낭	낙	간	국	곤
국	곡	곤	국	낙	낭	곡	국	낙
곡	국	간	곤	낙	골	곤	낭	낙
간	낙	국	낭	국	간	곡	국	간
낭	곡	곤	곤	낙	곤	국	낭	곡
간	낙	곡	간	곡	곤	간	곤	곡

날짜 ______________________

소요시간 ______________________

정답 : ______________________

다섯 번째 게임

글자 짝 맞추기

문제 4

아래의 표에는 총 81칸이 있습니다.
표 안에는 연, 욘, 옹, 웅, 융, 엉 총 6글자가 13번씩 반복되어 들어가
78칸을 차지하고 있습니다.
나머지 3칸에 들어간 다른 글자 3가지를 찾아서 표시하고 아래에 적어보세요.

연	욘	욘	옹	웅	연	연	엉	융
웅	융	열	웅	욘	엉	융	옹	연
웅	옹	엉	욘	욘	옹	욘	옹	융
연	옹	융	엉	연	융	연	욘	웅
웅	융	옹	융	옹	엉	옹	웅	엉
연	엉	엉	웅	웅	영	욘	옹	욘
욘	옹	엉	웅	연	욘	웅	엉	엉
융	엉	욘	융	옹	욘	옹	연	융
연	웅	용	연	엉	융	연	융	엉

날짜 ______

소요시간 ______

정답 : ______

글자 짝 맞추기

아래의 표에는 총 81칸이 있습니다.
표 안에는 당, 단, 딴, 땅, 똑, 뜬 총 6글자가 13번씩 반복되어 들어가
78칸을 차지하고 있습니다.
나머지 3칸에 들어간 다른 글자 3가지를 찾아서 표시를 하고 아래에 적어보세요.

당	단	딴	똑	당	똑	딴	똑	당
똑	땅	뜬	똥	단	땅	단	땅	똑
딴	단	당	뜬	뜬	당	딴	뜬	똑
당	딴	뜬	뜬	딴	똑	당	단	땅
똑	땅	딴	단	땅	뜬	딴	동	똑
땅	단	똘	똑	땅	당	딴	단	땅
딴	뜬	땅	당	단	딴	단	뜬	당
똑	당	뜬	뜬	땅	뜬	땅	딴	똑
단	딴	땅	단	당	뜬	당	똑	단

날짜 ______________

소요시간 ______________

정답 : ______________

글자 짝 맞추기

아래의 표에는 총 81칸이 있습니다.
표 안에는 락, 랑, 라, 록, 룩, 론 총 6글자가 13번씩 반복되어 들어가
78칸을 차지하고 있습니다.
나머지 3칸에 들어간 다른 글자 3가지를 찾아서 표시를 하고 아래에 적어보세요.

락	랑	라	라	록	라	락	랑	록
룩	록	론	록	록	룩	라	롱	록
라	롤	락	랑	론	락	론	라	락
라	랑	룩	랑	론	락	랑	라	룩
랑	록	론	랑	록	론	룩	론	락
락	론	라	라	룩	룩	락	론	룩
랑	론	룩	랑	룩	락	록	론	룩
락	룩	런	라	론	록	론	록	랑
라	록	락	라	락	랑	록	랑	룩

날짜 ____________________

소요시간 ____________________

정답 :

훈민정음이 한글이 되기까지

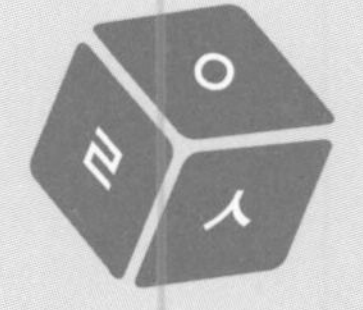

세종대왕과 훈민정음

훈민정음은 1443(세종25)년에 세종대왕이 창제해 1446년에 반포한 문자이다. 훈민정음은 창제한 사람과 날짜가 정확하게 알려져 있으며 창제 원리를 적은 기록이 전해지는 유일한 문자이다.

『훈민정음』은 새로 만든 훈민정음을 설명한 한문 해설서로, 해례가 붙어 있어서 『훈민정음 해례본』 또는 『훈민정음 원본』이라고 불린다. 이 책은 훈민정음의 창제 원리와 그에 대한 해설·표기법뿐만 아니라 각 글자의 사용 용례를 보여주고 있어서 국어 연구에 기초가 되고 있다. 1997년 유네스코 세계기록유산으로 선정되었다.

애민정신으로 태어난 글

훈민정음은 자주정신과 민본정신에 입각해 만들어졌다. 이러한 정신은 『훈민정음』 서문에 잘 나타나 있다.

나라 말이 중국과 달라 한자(漢字)와 서로 통하지 아니하므로, 우매한 백성들이 말하고 싶은 것이 있어도 마침내 제 뜻을 잘 표현하지 못하는 사람이 많다. 내 이를 딱하게 여겨 새로 28자를 만들었으니, 사람들로 하여금 쉬이 익혀 날마다 쓰는 데 편하게 할 뿐이다.

-『훈민정음』 서문

'한글'이라고 부르는 까닭

훈민정음에 '한글'이라는 이름을 붙인 사람은 주시경 선생이다. 1913년 어린이 잡지 「아이들 보이」에 쓴 글에서 '한글'이라는 이름을 처음 썼다. 한글은 '크다', '바르다', '하나'를 뜻하는 고유어 '한'에서 비롯되었다. '글 중에 하나뿐인 좋은 글', '온 겨레가 한결같이 쓰는 글', '글 중에 바른 글'이라는 뜻을 담고 있다.

그림 짝 맞추기

다음은 총 81칸으로 구성된 표입니다.
표 안에는 총 6가지 모양의 주사위가
13번씩 반복되어 들어가 78칸을 차지하고 있습니다.
나머지 3칸에 들어간 다른 주사위 모양 3가지를 찾아서
표시를 하고 아래에 그려보세요.

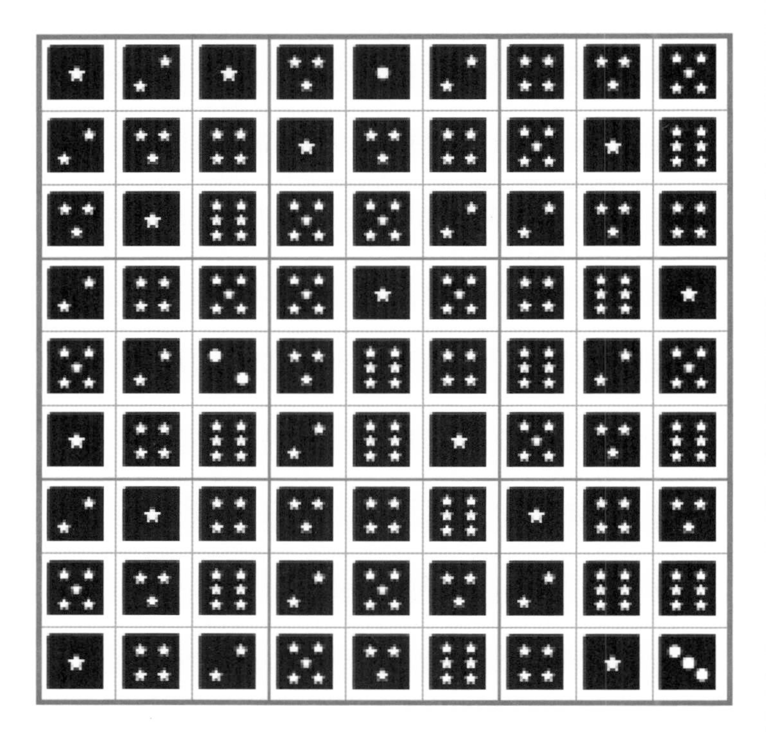

날짜

소요시간

정답 :

그림 짝 맞추기

다음은 총 81칸으로 구성된 표입니다.

표 안에는 ■ * # § ※ @ 총 6가지 기호가

13번씩 반복되어 들어가 78칸을 차지하고 있습니다.

나머지 3칸에 들어간 다른 기호 3가지를 찾아서

표시를 하고 아래에 그려보세요.

■	*	§	@	■	※	*	※	■
#	※	#	*	★	※	#	§	@
§	@	※	§	*	#	※	*	■
■	§	@	■	*	@	§	※	■
※	#	@	§	#	@	#	*	@
#	§	☆	*	※	■	■	@	§
*	※	■	*	§	@	&	*	@
#	*	#	*	@	■	※	§	#
■	§	§	#	※	#	■	@	※

날짜 ______________________

소요시간 ______________________

정답 : ______________________

그림 짝 맞추기

다음은 총 81칸으로 구성된 표입니다.
표 안에는 [★] * ■ ※ [•] @ 총 6가지 기호가
13번씩 반복되어 들어가 78칸을 차지하고 있습니다.
나머지 3칸에 들어간 다른 기호 3가지를 찾아서
표시를 하고 아래에 그려보세요.

[★]	*	■	[•]	[★]	*	[★]	*	※
*	▲	[•]	@	[•]	@	※	[★]	[•]
※	■	[★]	@	*	[•]	※	★	@
[★]	■	※	[•]	@	※	[•]	@	■
※	*	[•]	*	※	*	[•]	*	@
[★]	■	[•]	■	@	[★]	@	■	@
*	※	※	[•]	■	*	■	[•]	@
[★]	■	◆	■	*	[•]	※	@	@
■	*	[★]	[★]	※	[★]	■	※	[★]

날짜

소요시간

정답 :

그림 짝 맞추기

다음은 총 81칸으로 구성된 표입니다.

표 안에는 주사위 모양이 총 6가지가

13번씩 반복되어 들어가 78칸을 차지하고 있습니다.

나머지 3칸에 들어간 다른 주사위 모양 3가지를 찾아서

표시를 하고 아래에 그려보세요.

날짜 ____________________

소요시간 ____________________

정답 : ____________________

그림 짝 맞추기

다음은 총 81칸으로 구성된 표입니다.
표 안에는 ■ * # § ※ @ 총 6가지가
13번씩 반복되어 들어가 78칸을 차지하고 있습니다.
나머지 3칸에 들어간 다른 기호 3가지를 찾아서
표시를 하고 아래에 그려보세요.

§	*	■	@	§	※	#	※	■
*	※	#	*	#	※	*	§	@
■	@	※	■	*	*	■	☆	※
§	■	@	§	*	@	§	※	§
※	#	*	■	#	@	■	#	@
★	#	*	@	※	■	@	@	#
*	※	■	#	§	@	§	*	■
§	*	#	*	@	■	※	&	※
#	§	§	#	※	#	■	@	§

날짜 ____________________

소요시간 ____________________

정답 : ____________________

그림 짝 맞추기

다음은 총 81칸으로 구성된 표입니다.
표 안에는 [★] * ■ ※ [•] @ 총 6가지가
13번씩 반복되어 들어가 78칸을 차지하고 있습니다.
나머지 3칸에 들어간 다른 기호 3가지를 찾아서
표시를 하고 아래에 그려보세요.

[•]	*	[★]	[★]	※	*	■	*	[•]
*	*	[•]	@	[•]	@	★	[★]	[•]
※	■	[★]	@	*	※	[★]	※	@
[★]	■	※	[•]	@	※	※	@	■
※	◆	[•]	*	[•]	*	[•]	▲	@
[★]	[★]	■	■	@	※	@	■	@
*	※	※	[•]	■	*	@	[•]	■
[★]	■	*	■	[★]	[•]	※	■	@
[•]	*	[★]	*	※	■	@	[★]	[★]

날짜 ______________________

소요시간 ______________________

정답 : ______________________

다 양 한

수학 기호의 세 계

더하기 +

더하기 기호 +는 '그리고(~와)'라는 뜻의 라틴어 'et'를 빨리 쓰면서 생겨났다. 15세기의 수학자 비트만이 『산술책』에서 처음으로 사용했다. 즉, '1 더하기 1'을 '1 et 1'로 쓰다가 '1+1'로 표기하게 된 것이다.

빼기 -

빼기 기호 -는 뱃사람들이 나무통에 넣은 물이 여기까지 줄어들었다는 표시로 그어놓은 가로선에서 비롯되었다. 이 기호 역시 비트만이 그의 책에서 처음 사용했다. -는 'minus(빼기)'라는 뜻을 지닌 기호이다.

곱하기 ×

곱하기 기호 ×는 스코틀랜드 국기의 십자 모양에서 생겨났다고 한다. 1618년 영국의 수학자 윌리엄 오트레드도 1631년 『수학의 열쇠』라는 책에서 이 기호를 사용했다. 그러나 독일의 수학자 라이프니츠는 곱셈 기호가 소문자 'x(엑스)'와 혼동될 수 있다고 하여 ·을 썼다.

나누기 ÷

나누기 기호 ÷는 스위스의 수학자 하인리히 라안이 1659년에 지은 대수학 책에서 처음 사용했다. 나눗셈을 분수로 나타낼 때의 모양에서 나온 것이라고 한다. 그런데 ÷기호를 사용하는 나라는 우리나라, 일본, 미국, 영국뿐이다. 다른 나라에서는 나누기 기호 대신 분수로 나타내거나 ; 기호를 사용한다.

등호 =

양쪽 값이 같다는 뜻으로 쓰는 등호 = 기호는 1557년 영국의 수학자 레코드가 『지혜의 숫돌』이라는 책에서 처음 사용했다. 처음에는 매우 긴 평행선으로 표시했다고 한다.

부등호 <, >

어느 쪽이 큰가를 나타내는 값을 부등호라고 한다. 기호 <와 > 중 열려 있는 쪽이 더 크다는 것을 뜻한다. =와 같이 써서 ≦, ≧로 쓰기도 한다. 1631년 영국의 수학자 해리엇이 자신의 책에서 처음 사용했다.

영어 낱말 퍼즐

다음은 영어 낱말 퍼즐입니다.
퍼즐에는 가로, 세로, 대각선 방향으로 영어 단어가 숨어 있습니다.
꽃 이름 영어 단어 4가지를 모두 찾아서 표시를 하고 아래에 정답을 적어보세요.

a	c	v	d	d	k	o	y	e
r	o	s	e	x	y	z	z	c
k	s	k	j	u	q	g	d	p
n	m	o	t	l	k	l	l	p
a	o	l	i	u	p	n	m	e
z	s	t	i	a	l	k	b	d
y	r	a	i	u	e	i	y	a
a	v	w	e	t	w	p	p	o
d	a	i	s	y	t	i	o	n

날짜 ______________________

소요시간 ______________________

정답 : ______________________

영어 낱말 퍼즐

다음은 영어 낱말 퍼즐입니다.
가로, 세로, 대각선 방향으로 영어 단어가 숨어 있습니다.
동물 이름 영어 단어 4가지를 모두 찾아서 표시를 하고 아래에 정답을 적어보세요.

a	c	v	d	d	k	o	y	e
r	i	l	a	h	r	t	v	c
k	a	h	o	r	s	e	c	p
n	p	i	y	a	c	v	d	d
a	q	g	d	o	y	e	d	e
z	m	o	u	s	e	q	o	g
y	w	a	w	o	u	n	i	a
a	g	t	e	x	s	p	t	o
k	u	i	k	q	o	l	q	t

날짜 ______________________

소요시간 ______________________

정답 : ______________________

영어 낱말 퍼즐

다음은 영어 낱말 퍼즐입니다.
가로, 세로, 대각선 방향으로 영어 단어가 숨어 있습니다.
교통수단 4가지를 모두 찾아서 표시를 하고 아래에 정답을 적어보세요.

s	u	b	w	a	y	o	y	e
a	v	w	e	t	w	p	z	j
k	c	k	j	u	q	g	d	i
n	a	i	r	p	l	a	n	e
a	r	l	i	u	p	n	m	p
z	s	t	i	a	l	n	i	a
y	r	a	i	u	e	p	t	o
a	v	w	e	t	w	l	q	n
y	a	r	n	t	r	u	c	k

날짜 ____________

소요시간 ____________

정답 : ____________

영어 낱말 퍼즐

다음은 영어 낱말 퍼즐입니다.
가로, 세로, 대각선 방향으로 영어 단어가 숨어 있습니다.
과일 이름 4가지를 찾아서 표시를 하고 아래에 정답을 적어보세요.

t	a	p	p	l	e	o	y	e
a	w	v	b	f	f	t	v	c
m	a	n	g	o	a	e	c	p
q	i	u	e	q	t	v	d	d
o	r	a	n	g	e	e	d	e
r	c	v	p	y	r	o	o	r
y	w	a	w	o	n	a	i	a
a	g	t	e	x	s	p	p	o
k	u	i	k	q	o	l	q	e

날짜 ____________________

소요시간 ____________________

정답 : ____________________

영어 낱말 퍼즐

다음은 영어 낱말 퍼즐입니다.
가로, 세로, 대각선 방향으로 영어 단어가 숨어 있습니다.
직업 이름 4가지를 찾아서 표시를 하고 아래에 정답을 적어보세요.

n	u	r	s	e	c	w	c	d
c	e	y	s	t	w	r	d	e
c	w	t	i	a	u	i	o	g
i	h	s	k	t	w	t	i	a
y	u	e	r	n	e	e	t	o
u	t	q	f	j	k	r	q	n
n	i	a	e	q	n	k	q	y
k	t	c	a	r	t	i	s	t
l	q	n	k	q	o	l	q	e

날짜 ____________________

소요시간 ____________________

정답 : ____________________

영어 낱말 퍼즐

다음은 영어 낱말 퍼즐입니다.
가로, 세로, 대각선 방향으로 영어 단어가 숨어 있습니다.
간식 이름 4가지를 찾아서 표시를 하고 아래에 정답을 적어보세요.

i	t	w	d	d	w	o	n	e
r	o	l	a	h	e	x	s	c
k	a	h	o	r	k	q	o	p
n	s	a	n	d	w	i	c	h
a	t	g	d	o	y	e	o	e
v	m	o	u	s	e	q	o	g
y	w	a	w	o	c	a	k	e
c	d	t	e	x	s	p	i	o
d	e	i	k	q	o	l	e	n

날짜

소요시간

정답 :

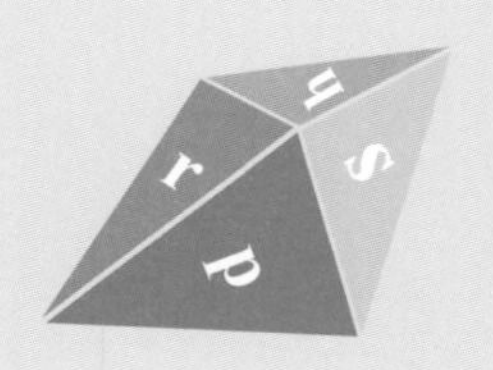

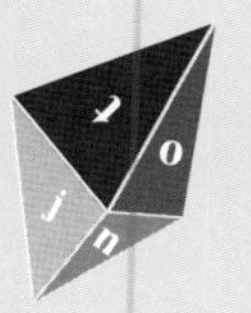

세 계 대 표 언 어

영어의 역사

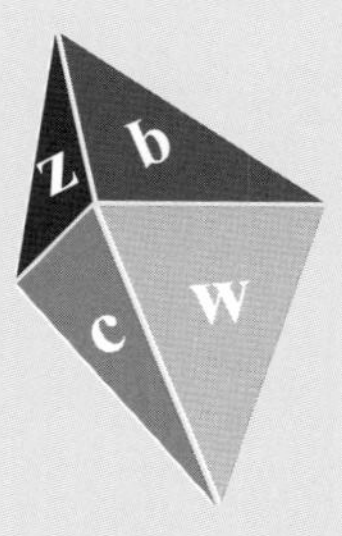

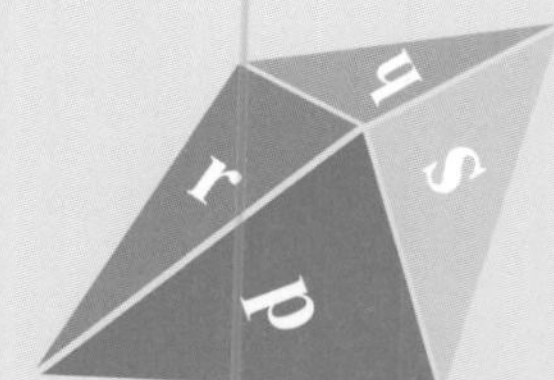

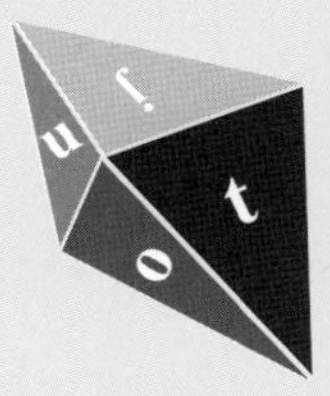

영어의 기원

영어는 서게르만어군의 하나이다. 이 언어들은 로마 속주 시기 이후 5세기까지 오늘날의 독일, 덴마크, 네덜란드 등에서 다양한 경로로 브리튼 섬으로 유입되었다. 이렇게 브리튼 섬에 정착한 게르만족의 하나가 앵글족이었다. '앵글(Angles)'이라는 이름은 이들이 원래 살던 곳의 지명 앙겔른(Angeln, 독일어)에서 유래한 것이다. 브리튼 섬에 이주해 온 앵글족은 새 정착지를 자신들의 땅이라는 뜻으로 '잉글랜드(England, Engla+land)'라고 불렀다. '영어(English)'역시 '앵글족의 말'이라는 뜻이다.

고대와 중세시대의 영어

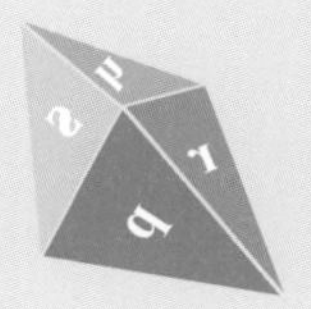

브리튼 섬에 세워진 앵글로색슨 왕국에서는 저마다 다양한 고대 영어 사투리를 사용했다. 그 이후에 영어의 발전에 큰 영향을 미친 것은 로마 가톨릭의 전파였다. 브리튼에는 수많은 가톨릭 수도원이 세워졌다. 초대 주교였던 아우구스티누스 이후 가톨릭 수도원은 문자와 문학을 전파하는 학교 역할을 했다.
중세시대에 수도원은 지식의 보고였고 이들의 활동은 영어 발전에 많은 영향을 끼쳤다. 가톨릭 수사들은 라틴어를 사용했는데, 이로 인해 영어는 라틴어의 영향을 받았다.

근대 영어와 대영제국의 팽창

15~16세기에 런던에서 쓰인 영어를 초기 근대 영어라고 한다. 영어는 이 시기에 비로소 철자법이 고정되고 어순이 확립되는 변화를 겪었다. 그 후 산업혁명과 과학의 발달로 라틴어와 그리스어 어근을 바탕으로 한 막대한 과학 용어가 새롭게 생겨났다. 그레이트브리튼 왕국의 성립으로 영어는 브리튼 섬 전역에서 널리 사용되었다. 제국주의 정책으로 세계 곳곳에 대영제국의 식민지가 늘어나자 영어도 전 세계로 퍼져나갔다. 이 시기에 영어가 전파된 국가로는 오늘날의 미국, 캐나다, 오스트레일리아, 뉴질랜드 등이다.

오늘날 영어의 위상

1945년 국제연합의 설립 이후 영어는 각종 국제행사에 공식 언어로 사용되고 있다. 오늘날 영어는 전 세계 언어 중에서 가장 폭넓게 사용되고 있다.

수학퍼즐 : 더 크로스

빈칸에 숫자나 사칙연산 기호를 넣어서
가로 세로 등식을 완성하세요.

10	×	10	=	
+	■	÷	■	■
7	×	2	=	
=	■	=	■	■
	■		■	■

날짜 ________________

소요시간 ________________

수학퍼즐 : 더 크로스

빈칸에 숫자나 사칙연산 기호를 넣어서
가로 세로 등식을 완성하세요.

8	×	11	=	
+	■	−	■	■
12	×	5	=	
=	■	=	■	■
	■		■	■

날짜

소요시간

수학퍼즐 : 더 크로스

빈칸에 숫자나 사칙연산 기호를 넣어서
가로 세로 등식을 완성하세요.

14	×		=	42
+	■		■	■
	−	9	=	
=	■	=	■	■
24	■	27	■	■

날짜 ______

소요시간 ______

수학퍼즐 : 더 크로스

빈칸에 숫자나 사칙연산 기호를 넣어서
가로 세로 등식을 완성하세요.

	×		=	33
	■		■	■
10		3	=	13
=	■	=	■	■
21	■	9	■	■

날짜 ____________________

소요시간 ____________________

추억으로 남은

계산기, 주판

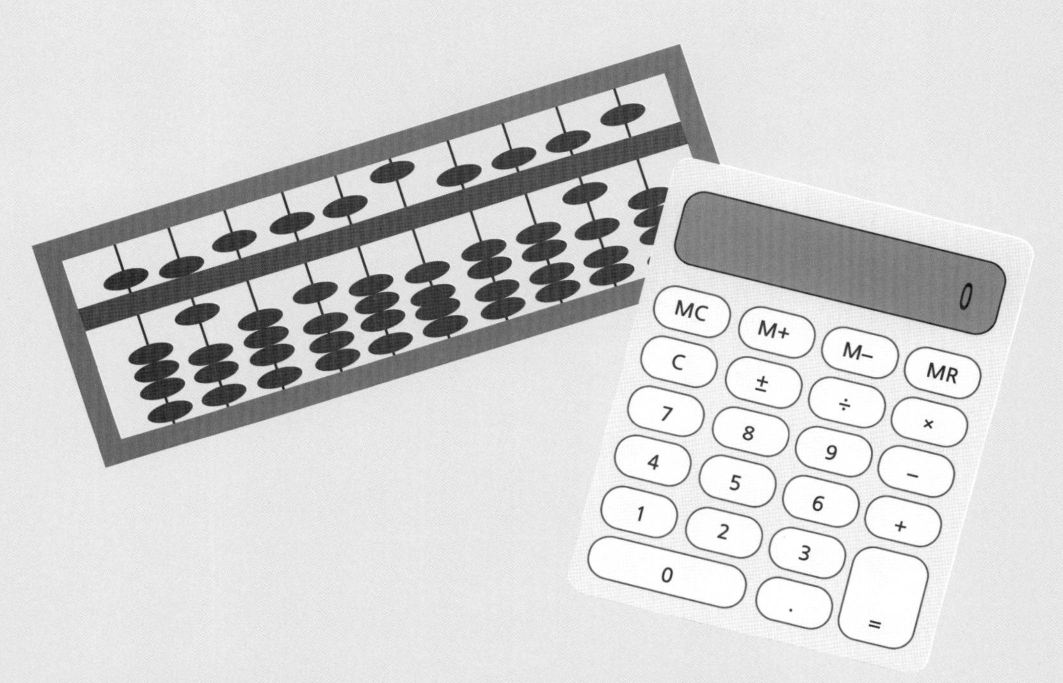

계산왕 주판의 발명

옛날 사람들은 어렵고 복잡한 계산을 어떻게 해냈을까? 그것은 바로 '주판'이라는 훌륭한 계산기 덕분이었다.

역사상 최초의 주판은 기원전 3000년경 바빌로니아에서 발명되었다. 이 주판은 평판 위에 뿌려 놓은 모래 위에 선을 그은 다음, 그어진 선 위에 작은 돌멩이를 늘어놓은 모양이었다.

그 후 주판은 기원전 600년 경 그리스와 로마에서 쓰이다가 기원전 500년경에 중국에서도 쓰이기 시작했다. 중국에 전파된 주판은 획기적으로 발전했다.

처음 만들어진 주판은 윗부분에 주판알이 한 개, 아랫부분에 주판알이 네 개 있었다. 주판알은 지금처럼 기둥에 꽂힌 것이 아니라 홈 안에 들어 있었다. 그 후에 만든 주판은 지금도 중국에서 사용하고 있는데, 단단한 나무로 만들어졌고 가는 막대기인 꿸대로 이루어져 있다. 꿸대마다 주판알 7개가 꿰어져 있다. 가름대를 기준으로 윗부분에 주판알 두 개, 아랫부분에 주판알 다섯 개가 있다.

서양의 주판

옛날 이집트, 그리스에서도 주판을 사용했다. 특히 로마에서 주판 사용법이 매우 발달했다. 로마의 회계원들은 쉽게 들고 다닐 수 있는 계산기인 '아바크(Abaque)'를 사용했다. 로마식 주판 '아바크'는 금으로 만든 판에 홈을 파서 그 위를 구슬이 움직이게 만든 도구였다. 윗부분에 있는 구슬 하나가 5를 나타내고, 아랫부분에 있는 네 개의 구슬이 각각 1을 나타낸다. 이 주판 하나로 9,999,999까지 나타낼 수 있었다. 옛날 로마 주판은 최초의 중국 주판과 비슷한 점이 많았다.

그동안 고마웠던 주판

주판은 수를 나타내기가 매우 간편하다. 그래서 주판으로 사칙연산을 하는 것은 별로 복잡하지 않다. 그러나 주판에는 몇 가지 불편한 점도 있다. 주판 놓는 법을 매우 오랫동안 연습해야 하고, 약간의 오류만 있어도 계산을 처음부터 다시 해야 한다. 이런 불편보다는 편리한 점이 훨씬 많았기 때문에 오랫동안 널리 사용된 것이다.

수학 퍼즐

빈칸에는 1~9까지의 숫자가 들어가며 중복되어 들어갈 수 없습니다.
숫자와 기호를 채워 넣어서 등식을 완성하세요.

	+	5	+	9	=	22
+		+		+		
1	+		+		=	9
+		+		+		
	+		+		=	14
=		=		=		
13		14		18		

날짜

소요시간

수학 퍼즐

빈칸에는 1~9까지의 숫자가 들어가며 중복되어 들어갈 수 없습니다.
숫자와 기호를 채워 넣어서 등식을 완성하세요.

9	+		+	6	=	
+		+		+		
3	+		+	5	=	9
+		+		+		
	+		+		=	19
=		=		=		
19		11		15		

날짜 ______________________

소요시간 ______________________

수학 퍼즐

빈칸에는 1~9까지의 숫자가 들어가며 중복되어 들어갈 수 없습니다.
숫자와 기호를 채워 넣어서 등식을 완성하세요.

1	+		+		=	15
+		+		+		
	+	9	+		=	15
+		+		+		
5	+		+		=	15
=		=		=		
10		22		13		

날짜

소요시간

수학 퍼즐

빈칸에는 1~9까지의 숫자가 들어가며 중복되어 들어갈 수 없습니다.
숫자와 기호를 채워 넣어서 등식을 완성하세요.

9	+		−		=	10
+		+		+		
	+		+	4	=	12
+		+		+		
7	+		−		=	5
=		=		=		
21		11		13		

날짜

소요시간

생각보다 오래된 컴퓨터의 역사

최초의 기계식 계산기

오늘날 우리에게 편리한 문명생활을 누리도록 해주는 컴퓨터. 컴퓨터는 언제 처음 만들어졌을까?

컴퓨터(Computer)라는 말은 '계산하다'는 뜻의 라틴어 'Computare'에서 유래했다.

1623년 독일의 빌헬름 시카르트가 6자리 숫자의 덧셈과 뺄셈을 해낼 수 있는 최초의 기계식 계산기를 발명했다. 블레즈 파스칼은 세무원인 아버지를 돕고자 1642년 열아홉 살의 나이에 10진수 덧셈과 뺄셈을 계산할 수 있는 기계식 계산기를 발명했다. 이 계산기는 최초의 디지털 계산기로서 '파스칼린(Pascaline)'이라고 불린다. 1672년 고트프리트 빌헬름 라이프니츠는 파스칼린을 곱셈이 가능한 기계로 개선하고, 이진법을 고안했다.

세계 최초의 연산컴퓨터

영국 수학자 찰스 배비지는 1822년에 다항함수와 삼각함수 등을 계산할 수 있는 기계식 계산기를 만들고, 1835년에는 해석기관을 설계했다. 이 해석기관은 프로그래밍을 할 수 있는 최초의 컴퓨터로 인정받고 있다. 1936년 '현대 컴퓨터 과학의 아버지'라 불리는 영국의 수학자 앨런 튜링이 진공관을 이용해 '콜로서스(Colossus)'라는 이름의 암호해독용 기계를 1943년에 만들었다. 이것을 세계 최초의 연산컴퓨터로 보는 사람들도 많다.

에니악과 PC의 탄생

1937년 벨 연구소의 조지 스티비츠는 이진법을 사용하는 최초의 전자식 디지털 계산기를 개발했다. 1944년 하버드 대학 교수인 에이컨이 IBM사의 후원으로 우리가 최초의 컴퓨터라 부르는 'MARK-1'을 만들었다. 1946년 미국에서 개발한 '에니악(ENIAC)'은 주로 군사 목적으로 사용했는데 최초의 프로그래밍이 가능한 범용 컴퓨터로 알려져 있다. 이후 1970년대 말부터 개인용 컴퓨터(PC)가 널리 보급되었다.

정답

첫 번째 게임 날말 찾기

문제 1

포	콘	칩	리	구	로	마	카	오
카	카	오	용	스	미	리	바	감
리	하	홈	수	노	오	오	나	촉
스	나	그	런	우	와	간	나	잠
웨	포	라	한	볼	줄	니	킥	자
트	카	운	남	성	리	하	이	리
스	칩	드	동	서	롯	데	샌	드
위	진	남	북	조	시	미	안	해
스	일	이	삼	사	오	대	구	정

정답 : 콘칩-바나나킥-홈런볼-포카칩-롯데샌드

문제 2

망	이	구	미	구	룡	마	카	오
밀	인	디	아	리	목	포	코	감
키	콘	아	야	오	용	인	카	촉
스	칸	토	상	안	인	수	콜	잠
탕	웨	신	레	탄	도	원	라	자
트	가	라	면	타	미	성	리	리
스	나	리	란	인	다	라	마	드
윙	오	란	씨	칸	단	안	사	맥
순	일	이	삼	사	오	대	구	콜

정답 : 밀키스-코카콜라-토레타-오란씨-맥콜

문제 3

미	나	무	크	묵	인	단	당	손
국	라	데	이	덴	당	프	랑	스
키	이	상	략	마	전	인	사	륙
나	름	하	이	인	삼	브	자	입
리	명	령	조	결	혼	라	학	철
송	인	메	멘	카	칸	질	서	문
승	나	멕	란	인	케	릭	터	나
위	시	처	로	보	음	서	류	만
코	일	봉	얀	트	스	리	랑	카

정답 : 미국-프랑스-브라질-멕시코-스리랑카

문제 4

실	미	도	게	램	령	단	당	도
대	라	데	전	용	메	끈	랑	둑
각	이	마	승	나	멕	저	사	들
선	름	하	극	크	삼	봉	자	한
안	단	인	조	한	혼	랑	학	철
이	덴	당	엑	카	직	진	서	몰
략	말	랑	스	인	케	업	터	나
베	테	랑	칼	문	핀	아	마	피
매	일	신	문	트	부	산	행	캉

정답 : 실미도-도둑들-극한직업-베테랑-부산행

문제 5

데	덴	당	이	카	직	랑	맹	자
카	케	업	터	나	자	픈	랑	돈
르	핀	진	마	비	멕	저	사	들
트	메	픈	한	둑	삼	봉	자	한
철	단	저	안	한	혼	마	학	철
몰	덴	봉	이	카	직	르	서	몰
나	말	톤	략	인	케	크	터	나
피	라	진	베	문	핀	스	마	피
플	라	업	대	용	메	픈	랑	둑

정답 : 데카르트-맹자-한비자-마르크스-플라톤

문제 6

튤	립	랑	돈	카	만	원	돈	칸
랑	얀	업	학	나	비	업	터	탄
사	람	개	나	리	직	진	마	한
자	메	헐	사	랑	진	했	걸	둑
진	단	저	안	상	삼	저	랑	한
달	라	진	베	연	핀	스	마	해
래	말	톤	략	백	합	윙	략	바
마	케	할	터	오	비	업	요	라
행	몰	란	마	리	멕	진	마	기

정답 : 튤립-개나리-진달래-해바라기-백합

문제 1

1.	5	6	+	2	4	=	80		
2.	1	3	+	6	5	=	78		
3.	4	3	+	2	6	=	69		
4.	2	1	+	4	6	=	67		
5.	3	2	+	6	5	=	97		
6.	6	4	−	3	2	=	32		
7.	5	6	−	1	6	=	40		
8.	4	5	−	2	3	=	22		
9.	5	1	−	3	4	=	17		
10.	3	5	−	1	2	=	23		

문제 2

1.	5	6	×	2	=	112			
2.	1	×	5	6	=	56			
3.	4	3	×	2	6	=	1118		
4.	2	1	×	4	=	84			
5.	3	×	5	6	=	168			
6.	6	+	2	+	3	=	11		
7.	5	−	1	+	6	=	10		
8.	4	+	3	+	2	=	9		
9.	5	+	3	−	4	=	4		
10.	3	5	×	1	2	=	420		

세 번째 게임 미로찾기

문제 1

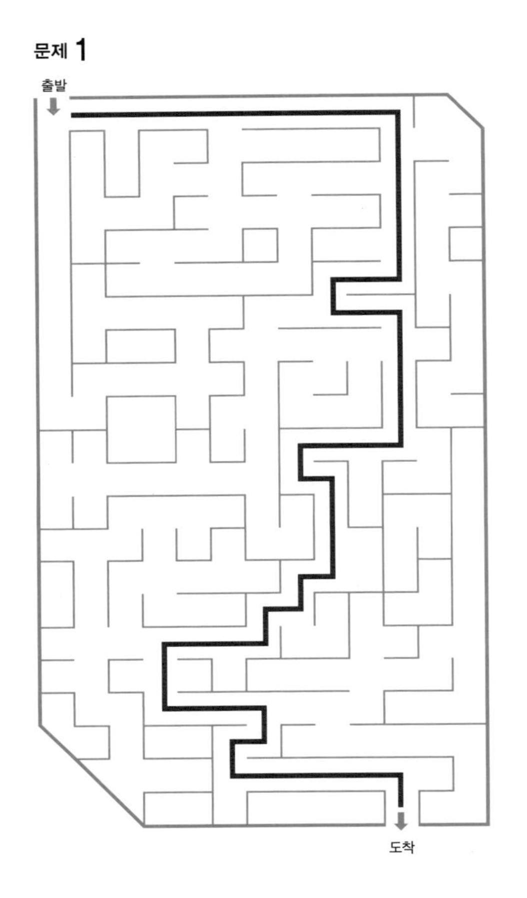

문제 2

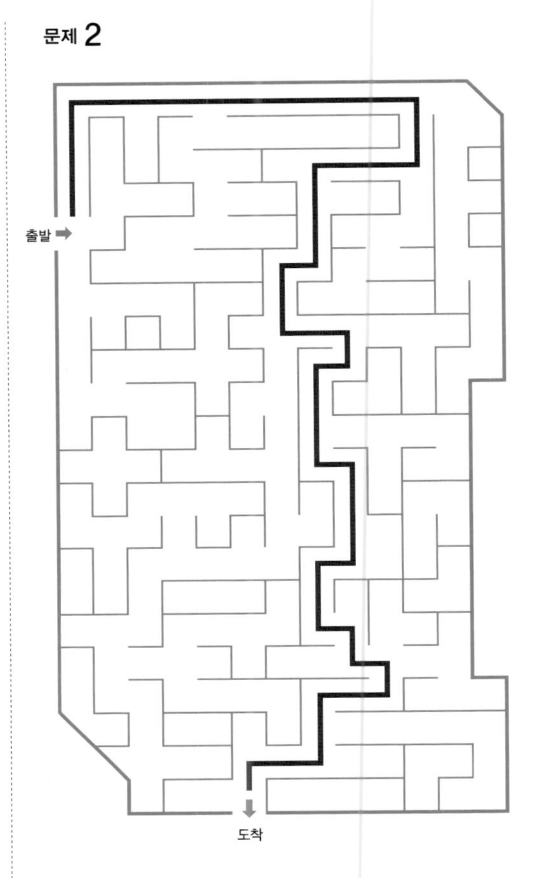

문제 3

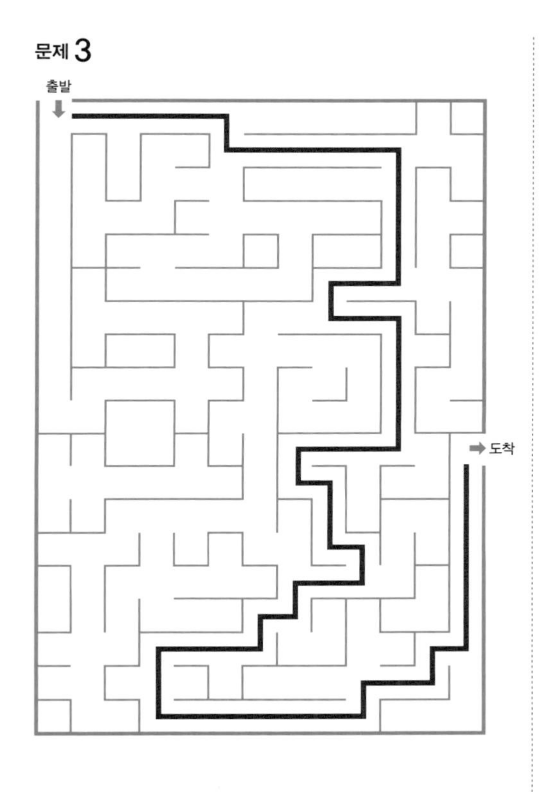

문제 4

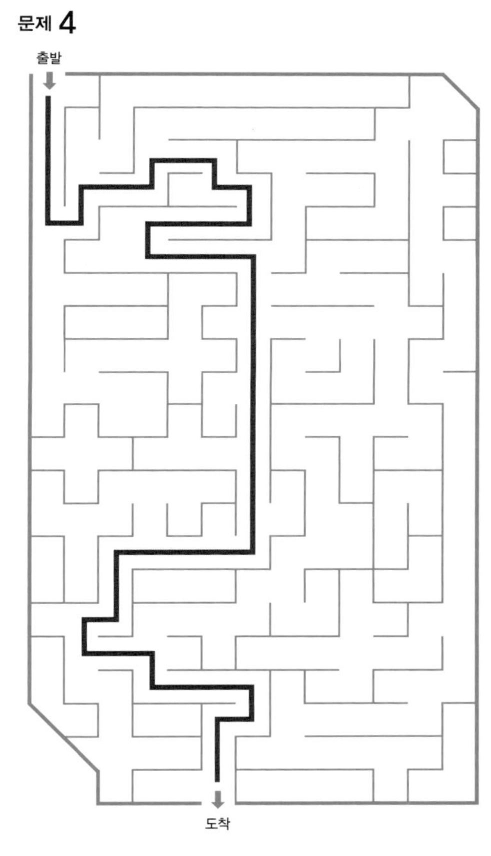

세 번째 게임 미로찾기

문제 5

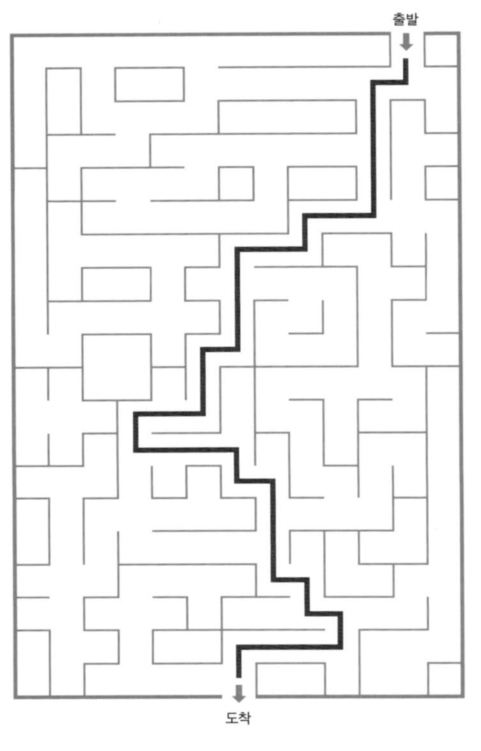

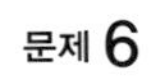

문제 6

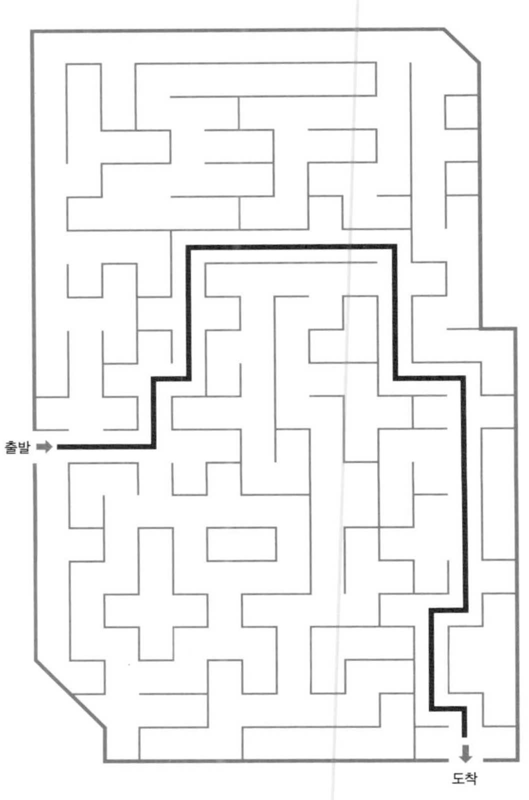

문제 1

6	7	5	4	9	1	2	3	8
4	2	1	6	8	3	7	5	9
9	3	8	2	7	5	1	4	6
8	5	3	7	1	2	9	6	4
7	6	4	8	3	9	5	2	1
2	1	9	5	4	6	3	8	7
3	8	2	1	6	7	4	9	5
1	9	6	3	5	4	8	7	2
5	4	7	9	2	8	6	1	3

문제 2

1	4	2	7	6	9	8	3	5
9	7	3	5	1	8	6	4	2
6	5	8	4	2	3	9	7	1
8	9	5	6	3	1	7	2	4
2	6	7	9	5	4	3	1	8
3	1	4	2	8	7	5	9	6
5	2	1	3	9	6	4	8	7
7	3	6	8	4	2	1	5	9
4	8	9	1	7	5	2	6	3

문제 3

4	8	3	2	6	1	9	5	7
2	9	1	7	4	5	3	8	6
7	5	6	3	8	9	2	1	4
3	6	2	5	9	8	4	7	1
8	4	7	6	1	2	5	3	9
9	1	5	4	7	3	8	6	2
6	2	8	1	3	4	7	9	5
5	7	9	8	2	6	1	4	3
1	3	4	9	5	7	6	2	8

문제 4

8	4	6	7	3	2	1	5	9
1	7	3	8	5	9	4	2	6
2	9	5	6	4	1	8	3	7
7	6	2	4	8	5	3	9	1
3	5	4	9	1	7	2	6	8
9	1	8	2	6	3	5	7	4
5	3	7	1	9	8	6	4	2
6	8	9	3	2	4	7	1	5
4	2	1	5	7	6	9	8	3

문제 5

4	3	2	5	8	7	6	9	1
8	7	9	1	3	6	4	2	5
1	6	5	9	4	2	7	8	3
3	8	7	6	5	1	2	4	9
9	5	4	2	7	8	1	3	6
6	2	1	3	9	4	8	5	7
5	1	8	4	6	9	3	7	2
2	4	3	7	1	5	9	6	8
7	9	6	8	2	3	5	1	4

문제 6

8	5	2	7	3	9	6	1	4
1	6	7	4	8	5	9	2	3
3	9	4	1	6	2	7	8	5
2	8	5	3	9	7	4	6	1
6	1	9	2	4	8	3	5	7
4	7	3	6	5	1	8	9	2
7	2	6	8	1	3	5	4	9
9	4	1	5	7	6	2	3	8
5	3	8	9	2	4	1	7	6

문제 1

짝	짱	짠	쪽	쭉	쫀	쪽	짠	짝
쪽	쭉	쫀	쭉	쫀	쭉	쫀	짱	쭉
짝	짱	쪽	짝	쫀	쪽	짝	짱	짠
쫑	쫀	짝	쫀	쭉	짝	짱	쪽	짱
쪽	짠	쭉	짠	짤	짠	쫀	쫀	짠
짠	짱	짝	쫀	쫀	쭉	쪽	짠	쭉
짝	짱	짝	짠	쭉	쪽	짝	쭉	짱
쫀	쫄	짱	쪽	쭉	쫀	짠	쭉	짠
짠	쭉	쪽	짱	짝	짱	짝	쪽	짱

정답 : 짤-쫄-쫑

문제 2

깍	깡	깐	꾹	깍	꼰	깡	깍	깐
깡	깔	꼭	깐	깡	꼭	꾹	깡	꼭
깐	꾹	깡	꼰	꼭	깍	꼭	깍	깡
깍	꾹	꼰	깡	꼰	깐	깍	꼭	꼰
깐	꼭	꼰	꼰	꾹	깐	깐	깡	꼰
깡	꼭	깍	꾹	꾹	꼰	깍	꼭	꾹
꾹	깡	깍	꼰	깡	깍	깐	깡	꼰
깐	깐	꾹	꽁	깐	꾹	꼰	꼴	꾹
깍	꼰	꼭	꾹	꼭	깐	꼭	꼭	깍

정답 : 깔-꼴-꽁

문제 3

낙	낭	간	낭	낙	국	낭	갈	간
낭	날	곡	간	국	곡	곡	낙	국
낙	낭	간	곤	곤	낭	곤	낭	낙
간	곡	곤	간	낭	낙	간	국	곤
국	곡	곤	국	낙	낭	곡	국	낙
곡	국	간	곤	낙	골	곤	낭	낙
간	낙	국	낭	국	간	곡	국	간
낭	곡	곤	곤	낙	곤	국	낭	곡
간	낙	곡	간	곡	곤	간	곤	곡

정답 : 날-갈-골

문제 4

연	욘	욘	옹	웅	연	연	엉	융
웅	융	열	웅	욘	엉	융	옹	연
웅	옹	엉	욘	욘	옹	욘	옹	융
연	옹	융	엉	연	융	연	욘	웅
웅	융	옹	융	옹	엉	옹	웅	엉
연	엉	엉	웅	웅	영	욘	옹	욘
욘	옹	엉	웅	연	욘	웅	엉	엉
융	엉	욘	융	옹	욘	옹	연	융
연	웅	용	연	엉	융	연	융	엉

정답 : 열-영-용

문제 5

당	단	딴	똑	당	똑	딴	똑	당
똑	땅	똔	똥	단	땅	단	땅	똑
딴	단	당	똔	똔	당	딴	똔	똑
당	딴	똔	똔	딴	똑	당	단	땅
똑	땅	딴	단	땅	똔	딴	동	똑
땅	단	똘	똑	땅	당	딴	단	땅
딴	똔	땅	당	단	딴	단	똔	당
똑	당	똔	똔	땅	똔	땅	딴	똑
단	딴	땅	단	당	똔	당	똑	단

정답 : 똥-똘-동

문제 6

락	랑	라	라	록	라	락	랑	록
룩	록	론	록	록	룩	라	롱	록
라	롤	락	랑	론	락	론	라	락
라	랑	룩	랑	론	락	랑	라	룩
랑	록	론	랑	록	론	룩	론	락
락	론	라	라	룩	룩	락	론	룩
랑	론	룩	랑	룩	락	록	론	룩
락	룩	런	라	론	록	론	록	랑
라	록	락	라	락	랑	록	랑	룩

정답 : 롤-롱-런

여섯 번째 게임 그림 짝 맞추기

문제 1

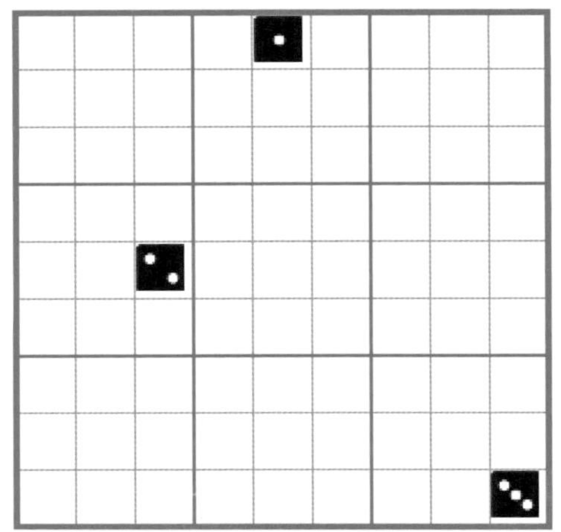

정답 : ⚀ _ ⚂ _ ⚁

문제 2

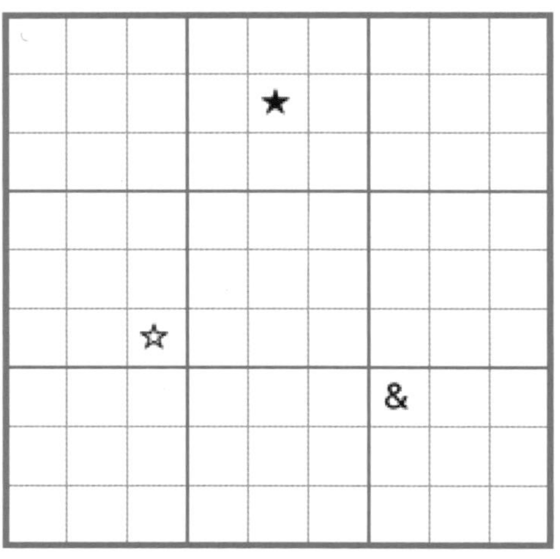

정답 : ★ _ ☆ _ &

문제 3

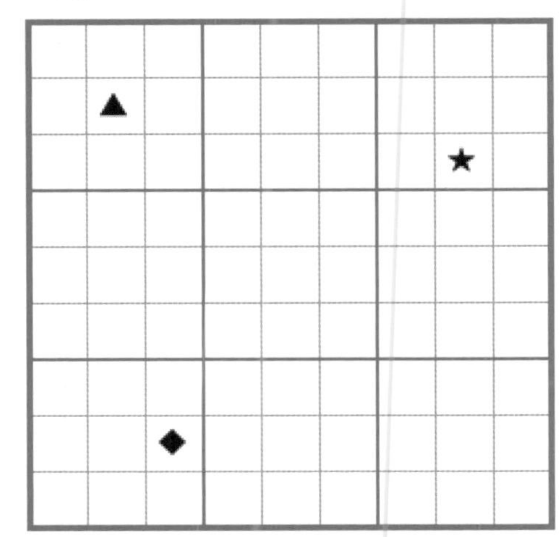

정답 : ▲ _ ★ _ ◆

문제 4

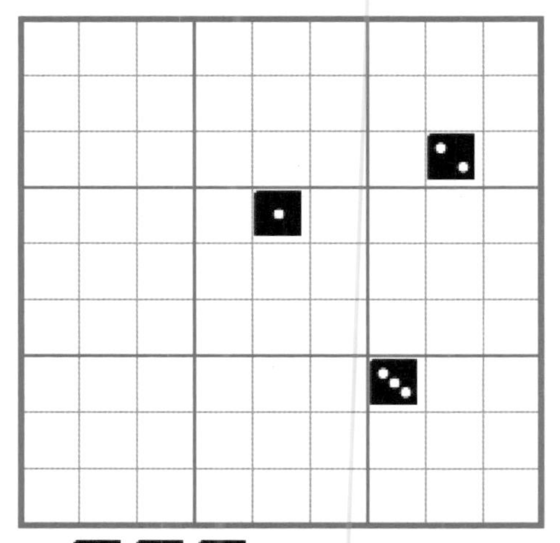

정답 : ⚀ _ ⚂ _ ⚁

문제 5

							☆	
★								
							&	

정답 : ★ _ ☆ _ &

문제 6

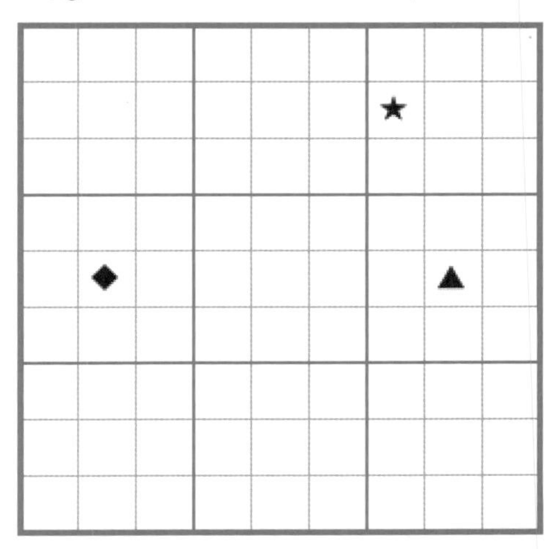

정답 : ▲ _ ★ _ ◆

문제 1

a	c	v	d	d	k	o	y	e
r	o	s	e	x	y	z	z	c
k	s	k	j	u	q	g	d	p
n	m	o	t	l	k	l	l	p
a	o	l	i	u	p	n	m	e
z	s	t	i	a	l	k	b	d
y	r	a	i	u	e	i	y	a
a	v	w	e	t	w	p	p	o
d	a	i	s	y	t	i	o	n

정답 : cosmos-rose-tulip-daisy

문제 2

a	c	v	d	d	k	o	y	e
r	i	l	a	h	r	t	v	c
k	a	h	o	r	s	e	c	p
n	p	i	y	a	c	v	d	d
a	q	g	d	o	y	e	d	e
z	m	o	u	s	e	q	o	g
y	w	a	w	o	u	n	i	a
a	g	t	e	x	s	p	t	o
k	u	i	k	q	o	l	q	t

정답 : horse-goat-mouse-pig

문제 3

s	u	b	w	a	y	o	y	e
a	v	w	e	t	w	p	z	j
k	c	k	j	u	q	g	d	i
n	a	i	r	p	l	a	n	e
a	r	l	i	u	p	n	m	p
z	s	t	i	a	l	n	i	a
y	r	a	i	u	e	p	t	o
a	v	w	e	t	w	l	q	n
y	a	r	n	t	r	u	c	k

정답 : subway-car-airplane-truck

문제 4

t	a	p	p	l	e	o	y	e
a	w	v	b	f	f	t	v	c
m	a	n	g	o	a	e	c	p
q	i	u	e	q	t	v	d	d
o	r	a	n	g	e	e	d	e
r	c	v	p	y	r	o	o	r
y	w	a	w	o	n	a	i	a
a	g	t	e	x	s	p	p	o
k	u	i	k	q	o	l	q	e

정답 : apple-mango-orange-grape

문제 5

n	u	r	s	e	c	w	c	d
c	e	y	s	t	w	r	d	e
c	w	t	i	a	u	i	o	g
i	h	s	k	t	w	t	i	a
y	u	e	r	n	e	e	t	o
u	t	q	f	j	k	r	q	n
n	i	a	e	q	n	k	q	y
k	t	c	a	r	t	i	s	t
l	q	n	k	q	o	l	q	e

정답 : nurse-writer-chef-artist

문제 6

i	t	w	d	d	w	o	n	e
r	o	l	a	h	e	x	s	c
k	a	h	o	r	k	q	o	p
n	s	a	n	d	w	i	c	h
a	t	g	d	o	y	e	o	e
v	m	o	u	s	e	q	o	g
y	w	a	w	o	c	a	k	e
c	d	t	e	x	s	p	i	o
d	e	i	k	q	o	l	e	n

정답 : toast-sandwich-cookie-cake

여덟 번째 게임 수학퍼즐 : 더 크로스

문제 1

10	×	10	=	100
+		÷		
7	×	2	=	14
=		=		
17		5		

문제 2

8	×	11	=	88
+		−		
12	×	5	=	60
=		=		
20		6		

문제 3

14	×	3	=	42
+		×		
10	−	9	=	1
=		=		
24		27		

문제 4

11	×	3	=	33
+		×		
10	+	3	=	13
=		=		
21		9		

아홉 번째 게임 — 수학 퍼즐

문제 1

8	+	5	+	9	=	22
+		+		+		
1	+	2	+	6	=	9
+		+		+		
4	+	7	+	3	=	14
=		=		=		
13		14		18		

문제 2

9	+	2	+	6	=	17
+		+		+		
3	+	1	+	5	=	9
+		+		+		
7	+	8	+	4	=	19
=		=		=		
19		11		15		

문제 3

1	+	6	+	8	=	15
+		+		+		
4	+	9	+	2	=	15
+		+		+		
5	+	7	+	3	=	15
=		=		=		
10		22		13		

문제 4

9	+	2	−	1	=	10
+		+		+		
5	+	3	+	4	=	12
+		+		+		
7	+	6	−	8	=	5
=		=		=		
21		11		13		

가로세로 낱말 퍼즐 재미부터 상식까지

단한권의책 엮음 | 132쪽 | 8,800원

두뇌건강을 활발히 해줄 단어들을 총망라한 지식백과 같은 책. 남녀노소, 연령불문, 알아두면 무릎을 탁 치게 되는 조합들로 총 795개의 문제가 실려 있다.

가로세로 낱말 퍼즐 : 시즌2

짱아찌 지음 | 95쪽 | 7,700원

더욱 새롭고 풍성한 어휘로 돌아왔다! 문제를 해결하고 새로운 정보를 얻는 사이 어휘력 향상은 물론 잠들어 있던 두뇌가 쌩쌩해질 것이다.

수학퍼즐 머리가 좋아지는 두뇌트레이닝북

짱아찌 지음 | 163쪽 | 8,900원

단순해 보이는 계산을 반복하면서 게임하듯 빠져드는 수학퍼즐 책.
쉬운 문제로 성취감을 충전하고 점점 어려운 단계에 도전해보자.

수학퍼즐 : 더 크로스편

짱아찌 지음 | 119쪽 | 8,900원

수학의 기본은 되도록 빠른 시간 안에 사칙연산을 정확하게 해내는 것!
사칙연산 문제를 정확하고 빨리 풀 수 있는 힘을 키워주고 잠든 두뇌를 일깨워줄 것이다.

가로세로 낱말 퍼즐 한국사편

단한권의책 엮음 | 133쪽 | 8,900원

우리 역사의 소중함, 낱말 퍼즐로 되새겨보자! 십대부터 입시 준비 중인 수험생, 한국사를 교양으로 알고 싶은 남녀노소 누구나 가벼운 마음으로 즐길 수 있는 책.

가로세로 낱말 퍼즐 세계사편

단한권의책 엮음 | 140쪽 | 8,900원

낱말 퍼즐로 세계 곳곳을 누비다보면 세계사, 일반 상식이 덤으로!
미국, 영국, 독일 등 국가별 역사, 인물, 지리와 일반상식이 풍부하게 구성되어 있다.

영어 낱말 퍼즐 재미를 더한 영어 기초 트레이닝

양승순 지음 | 125쪽 | 8,900원

영어 단어, 외우지 말고 풀면서 익히자! 다양한 영어 단어, 숙어 상식과
삶의 지혜 등 풍부한 어휘의 향연에 독자 여러분을 초대한다.

서로 다른 그림 찾기 또르르 눈운동 떼구루루 두뇌운동

짱아찌 지음 | 이요안나 그림 | 96쪽 | 10,000원

또르르 두 눈을 굴리며 서로 다른 그림을 찾다보면 나도 모르게 힐링과 두뇌운동이 저절로!
혼자서 문제 풀이에 푹 빠져도 좋고, 온 가족이 함께 시합을 해도 좋다.

방구석 숨은그림찾기 명화편

짱아찌 글 | 아자 그림 | 72쪽 | 8,500원

미술관에 걸린 명화를 오마주한 아름다운 그림을 감상하고, 그림 속에서
숨은그림을 찾는 등 문화생활과 소소한 재미 두 가지를 동시에 누릴 수 있는 알뜰한 책.

가로세로 낱말퍼즐 세트(3권)

단한권의책 엮음 | 405쪽 | 26,600원

『가로세로 낱말 퍼즐-재미부터 상식까지』『가로세로 낱말 퍼즐-세계사편』
『가로세로 낱말 퍼즐-한국사편』 세 권으로 구성된 세트. 남녀노소 누구나
재미있게 풀면서 일반상식은 물론 세계사, 한국사 상식을 얻고 우리말 어휘의
풍성함을 만끽해보자!